8° L 7 k
2972

Lk 2972.

NOTICE

SUR

NOTRE-DAME DE GRACE

A GIGNAC

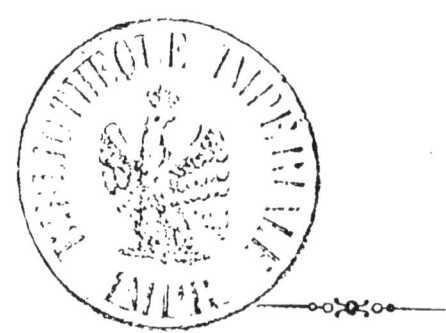

MONTPELLIER

GRAS, IMPRIMEUR-LIBRAIRE

1861

ON PEUT SE PROCURER CETTE NOTICE

A Gignac :

Chez M. Pons, instituteur ;

Et chez M. Pradez, horloger, qui a fait graver des médailles spéciales pour Notre-Dame de Grâce.

AVANT-PROPOS

En offrant au public cette notice historique, nous n'avons eu d'autre but que de faire connaître succinctement l'origine de la dévotion à Notre-Dame de Grâce et les diverses péripéties qui se sont opérées dans cette église, théâtre elle-même d'une infinité de faits miraculeux de la plus grande authenticité.

Puissent nos faibles efforts ranimer de plus en plus la confiance envers la Reine du ciel et de la terre !

NOTICE

SUR

NOTRE-DAME DE GRACE

A GIGNAC

I

Parmi les pieux sanctuaires que la dévotion des peuples a élevés en l'honneur de la Mère de Dieu, on distingue principalement, dans le diocèse de Montpellier, l'église Notre-Dame de Grâce, à Gignac. Elle est visitée deux fois chaque année (15 août et 8 septembre) par un concours immense, au point que le lieu saint, malgré sa vaste capacité, est insuffisant pour contenir la foule des fidèles accourus, non-seulement des paroisses voisines, mais encore du côté des Cevennes et du bas Languedoc.

Rien de plus curieux et de plus édifiant aussi que de voir arriver, la veille des fêtes de la Vierge, un grand nombre de gens de tout âge, de tout sexe et de toute condition, méprisant les fatigues inséparables d'un long et pénible voyage, pour venir renouveler leurs vœux, ou en offrir de nouveaux à la Mère de Dieu.

Quant à nous, plus privilégiés que bien d'autres qui s'estimeraient heureux de posséder cet antique sanctuaire consacré à Marie, ne nous laissons pas devancer par l'exemple de ces étrangers, et, comme eux, montrons le même zèle et le même empressement pour une dévotion dont nos pères étaient si fiers et si jaloux.

Rappelons-nous qu'on n'invoque jamais en vain Notre-Dame de Grâce, celle qui de tout temps a exaucé les vœux et les prières de ses fidèles serviteurs.

II

HISTORIQUE

DE LA DÉVOTION DE NOTRE-DAME DE GRACE

A GIGNAC

Nous lisons dans l'histoire que les habitants des lieux voisins se rendaient à la ville de Tourette [1] pour assister aux fêtes données en l'honneur de la déesse Vesta [2]. Le temple où on lui rendait ce culte était situé dans un bois, près la ville, sur une petite éminence ; ce qui indique assez clairement que cet endroit n'est autre que celui où est bâtie aujourd'hui Notre-Dame de Grâce.

Saint Flour, premier évêque de Lodève, touché de compassion pour tant d'âmes égarées et ensevelies dans les ténèbres du paganisme, porta lui-même le

---

[1] A cette époque, Gignac était ainsi appelé à cause de la tour principale qui domine la ville.

[2] Voir le *Dictionnaire historique* par Dézobry.

flambeau de l'Évangile dans ces contrées. Nos habitants furent les premiers à ressentir les salutaires effets de ses prédications. Encouragé par ses succès, le saint prélat tourna principalement ses efforts vers le temple de Vesta. Après en avoir renversé les autels profanes, il y substitua le culte du vrai Dieu, et le consacra sous l'invocation de la Reine des anges.

On ajoute que, durant un espace de temps, cet oratoire fut habité et servi par de pieux ermites, et que de toute part on y accourut pour honorer celle qui devait être plus tard une source intarissable de grâces et de bénédictions.

Mais Dieu, dont les desseins sont impénétrables, permit que ce saint lieu tombât sous les coups destructeurs des ennemis de la religion. Néanmoins, le souvenir d'une aussi belle dévotion resta profondément gravé dans le cœur des humbles et dévoués serviteurs de Marie.

La tradition rapporte qu'un homme aveugle et muet de naissance, conduit par son chien fidèle, et attiré sans doute par quelque inspiration du ciel, se dirigea (8 septembre 1360) vers les ruines de l'oratoire; et là, après avoir fouillé dans les décombres, ses mains saisirent un objet, un corps dur. O prodige ! c'était la statue de la Vierge [1] qu'il venait de trouver ; il l'invoque, la baise affectueusement, et aussitôt il recouvre l'usage de la vue et de la parole. Le cœur rempli de joie, il emporte chez lui son précieux trésor ; mais la Vierge, selon la tradition, disparaît pour se retrouver au lieu où elle était d'abord déposée.

Le bruit de ce miracle attire en cet endroit un grand nombre de fidèles, qui deviennent les témoins de nouvelles merveilles : c'étaient de petites croix étincelantes qui brillaient dans les airs pendant la nuit et à plusieurs reprises, ce qui annonçait que le *doigt* de Dieu était là.

L'évêque de Béziers [2], informé de cette miraculeuse apparition, vint lui-même s'assurer du fait, et, cédant aux pressantes sollicitations de nos consuls, il bénit et planta de ses propres mains une croix de bois sur les débris de l'oratoire où le ciel manifestait sa puissance.

Les dons et les offrandes de ceux que la piété conduisit à ce saint lieu furent si considérables,

---

[1] On la voit encore aujourd'hui dans la chapelle des Miracles.

[2] Dans les archives des PP. Recollets, cet évêque porte le nom de Hugues de Jugeria, natif de Rieux.

que, par le soin et le zèle des consuls, on y bâtit d'abord une chapelle[1] qui fut appelée chapelle des Miracles, nom qu'elle porte encore aujourd'hui. Après cette construction, on érigea, en harmonie avec cette chapelle, une église sous le vocable de Notre-Dame de Grâce. Dieu ne tarda pas à faire éclater encore sa puissance en faveur de ceux qui allaient rendre hommage ou recourir à la protection de son auguste Mère. Entre autres faveurs particulières, on obtint, cette année, une pluie abondante dans une très-grande sécheresse. Alors l'évêque de Béziers (Sicard), informé des grâces dont ce sanctuaire était le théâtre, et voulant encourager la dévotion des fidèles, qui prenait chaque jour de nouveaux accroissements, fit expédier aux consuls une patente, en date du 1er octobre 1373, par laquelle il leur était permis d'y faire célébrer, à l'avenir, la sainte messe par tels prêtres approuvés qu'ils voudraient.

Cette église[2], après avoir subsisté avec éclat plus de deux cents ans, fut entièrement ruinée (1573)

---

[1] La statue miraculeuse fut solennellement placée dans cette chapelle.

[2] Archives des PP. Recollets.

par les calvinistes, ennemis déclarés du culte que l'on doit rendre à la Mère de Dieu.

Après la cessation des troubles et des guerres civiles qui inondèrent de sang notre malheureuse patrie, les consuls rétablirent de nouveau Notre-Dame de Grâce, et s'appliquèrent à la rendre plus belle qu'elle n'était avant sa destruction [1]. Depuis ce temps jusqu'à l'année 1612, des prêtres et autres ecclésiastiques aux gages des consuls y faisaient le service divin ; mais une aussi belle dévotion commençant à déchoir de son ancien lustre par le défaut de sujets qui refusaient d'en prendre la direction ordinaire, on jeta les yeux sur les PP. Recollets [2], dont la réputation méritée grandissait chaque jour, soit par leurs bonnes œuvres, soit par les conversions éclatantes qu'ils opéraient dans le rang des calvinistes, aux environs de Montpellier et de Béziers. On s'adressa à ces zélés prédicateurs : Bazile

---

[1] On fit construire aussi un logement convenable pour recevoir des religieux, comme nous le disons plus loin.

[2] La congrégation des Recollets (*Recollecti*, recueillis) fut fondée en Espagne, à l'époque où Christophe Colomb faisait voile pour des mondes inconnus. Ces religieux s'établirent en France au commencement du XVI° siècle.

Garcin et Martin Camaret, qui furent les premiers et les principaux promoteurs de l'établissement de cet ordre à Notre-Dame. On rapporte qu'un jour, à la prédication du père Bazile[1] envoyé à Clermont pour combattre l'hérésie de Calvin, il n'y eut pas moins de trois cents prêtres, cent vingt paroisses avec leurs croix, et cinquante mille auditeurs.

Le 3 février 1613, le conseil général de la ville ayant été convoqué extraordinairement, il y fut délibéré, d'un commun accord, que Notre-Dame de Grâce serait, à l'avenir et à perpétuité, sous la direction toute spéciale des enfants de saint François. Cette concession fut agréée par le cardinal-évêque de Béziers, et confirmée par des lettres patentes de Louis XIII.

Les choses ainsi disposées, nos religieux plantèrent solennellement leur croix devant la porte de l'église (10 février 1613). Cette pieuse et intéressante cérémonie, présidée par un grand-vicaire de l'évêque de Béziers, attira dans nos murs un si grand concours de fidèles, qu'il fallut dresser un autel et faire les exercices du culte en plate campagne.

Tel est le précis des circonstances qui accompagnèrent l'établissement des PP. Recollets à Notre-

Dame de Grâce. Depuis ces jours mémorables, on a vu ces bons religieux vivre avec honneur, avec édification, et la ville s'applaudir de son choix. Ils restèrent neuf ans paisibles possesseurs de leur église, faisant le bien et opérant de nouvelles conversions; mais malheureusement d'aussi bons résultats ne furent pas de longue durée, et l'exercice du culte se trouva forcément suspendu par la fureur aveugle des hérétiques, comme nous allons le voir.

III

SIÉGE ET PILLAGE DE NOTRE-DAME DE GRACE

Les religionnaires, toujours en opposition ouverte contre les édits de Louis XIII, excitèrent des troubles et des mouvements divers dans plusieurs parties du royaume. Nous bornant à rapporter ce qui se rattache à notre sujet, nous dirons que ces fanatiques, au nombre de trois mille, commandés par le duc de Rohan, chef des rebelles[1], après s'être emparés de notre ville, qu'ils mirent à feu et à sang, allèrent, le 25 avril de l'année 1622, faire le siége du couvent et de Notre-Dame de Grâce; ils se portèrent à de si violents excès de désordre et d'impiété, que plusieurs religieux furent blessés et maltraités, ainsi qu'un grand nombre de catholiques qui avaient voulu partager leur sort. Les livres, les

---

[1] Archives des PP. Recollets.

ornements et autres meubles sacrés, devinrent la proie des flammes ; l'église elle-même et le couvent furent détruits et saccagés de fond en comble.

Les PP. Recollets, toujours calmes et résignés au milieu même de la tempête qui gronde autour d'eux, mettent en Dieu leur confiance, et ne désespèrent pas, dans leur détresse, de faire relever leur couvent et l'église Notre-Dame. Ils s'adressent pour cela à Louis XIII, en lui faisant le triste récit des violences qu'ils ont eu à supporter de la part des calvinistes.

Sa Majesté, voulant les dédommager de leurs pertes et pourvoir au rétablissement de leur église, leur accorde des lettres patentes portant *cinquante mille livres* de représailles à prendre sur les biens des rebelles de Gignac, Montpellier, Nîmes, Lunel et Montagnac. Un particulier de notre ville, comme des plus compromis, fut condamné à payer *quatre mille livres ;* mais ces différentes taxes, pour la plupart restées incomplètes, se trouvèrent bien insuffisantes, et ce ne fut qu'avec les dons et les secours des particuliers que les religieux purent rétablir Notre-Dame de Grâce en l'état où elle est aujourd'hui. Cette église renaquit de ses ruines plus vaste et plus belle que jamais (1629). Bâtie solidement et à la moderne, sa façade est ornée de fenêtres dominant sur des balcons qui produisent un très-bel effet ; son frontispice est décoré des ordres toscan, dorique et ionien. Son entrée a deux portiques surmontés de la statue de la Vierge ; sa nef enfin, spacieuse et bien éclairée, offre sur ses côtés de belles tribunes au-dessus des chapelles.

Une longue promenade règne en face de l'église ; elle est formée naturellement sur un rocher dominant la campagne, et d'où la vue se prolonge, d'un côté, vers la chaîne des Alpes, et de l'autre, jusqu'aux Pyrénées, dont on découvre le sommet couvert de neige. C'est dans ce site charmant et pittoresque qu'on a construit neuf petites chapelles servant de station pour les personnes pieuses ; mais la plupart de ces oratoires tombent aujourd'hui en ruines et sont dans un état si pitoyable, qu'on verrait avec plaisir notre administration municipale prendre l'initiative de les faire restaurer, en chargeant de ce soin les possesseurs actuels de ces petites chapelles, et, sur leur refus, les céder à d'autres qui s'empresseraient de les mettre en bon état.

IV

DE LA CHAPELLE DES MIRACLES

Ce qu'il y a de plus remarquable dans l'église de Notre-Dame de Grâce, c'est la chapelle dite des Miracles. Elle a à ses pieds une concavité qui reçoit abondamment une eau très-pure ; cette source, placée au-dessous d'une trappe s'ouvrant et se fermant à volonté, communique au dehors et sert à désaltérer les passants. On y voit encore, enchassée dans le mur, la pierre qui servit de base ou de piédestal à la croix de bois plantée par l'évêque de Béziers, comme il a été déjà rapporté. On attribue à cette pierre la vertu de guérir le mal d'yeux. C'est pourquoi les fidèles introduisent leurs mains dans l'ouverture qui recevait ladite croix, et en ramènent, au bout de leurs doigts, une matière onctueuse dont ils se frottent les paupières ; la guérison obtenue est considérée comme un effet de la puissance de Marie.

La chapelle est ornée d'une infinité de précieux *ex-voto*, tels que tableaux, planches de navire, béquilles, robes, cordons, etc., etc : monuments à jamais durables de la piété des fidèles et de leur reconnaissance pour tous les secours qu'ils ont obtenus par l'intercession de Notre-Dame de Grâce.

Sans nous arrêter à un détail très-étendu dans les archives des PP. Recollets, nous rapporterons en substance les miracles qui nous ont paru les plus authentiques et les plus propres à l'édification des âmes pieuses. Bien téméraire serait celui qui s'obstinerait à rejeter de pareils faits miraculeux, que la tradition nous a légués de siècle en siècle, et que le peuple, dans sa foi simple et naïve, raconte avec bonheur et certitude.

Puissent donc les quelques détails qu'on va lire augmenter la confiance et la dévotion envers Notre-Dame de Grâce ! C'est assez retarder la pieuse curiosité du lecteur.

I. L'an 1454 et le 3 avril, la femme du nommé Compeyre, de cette ville, ayant accouché d'un enfant mort, son beau-père alla le porter au milieu de l'église; au bout de deux jours, la petite créature se réveilla comme d'un long sommeil et fut rendue pleine de vie à ses parents. On prit acte authentique d'un miracle aussi frappant.

II. Angéline Sobrière, de Gignac, avait un fils chéri qui eut le malheur de se percer de part en part d'un coup de pertuisane. Les suites de cette blessure furent si terribles, que ce malheureux resta pendant trois jours ne donnant presque aucun signe de vie. Sa mère, désolée, ne l'eut pas plutôt voué à Notre-Dame de Grâce, qu'il commença à voir et à parler. Une aussi prompte guérison, dans un danger si évident, fut reconnue par les médecins comme miraculeuse. La déposition de cet événement est datée du 4 octobre 1460, et reçue par Guillaume Camery, notaire de Gignac.

III. Raymond de Palissa, né à Clermont-Lodève, a été l'objet d'une guérison subite, en recouvrant l'usage de la parole qu'il avait perdu depuis trois semaines. Sa mère vertueuse le voue à Notre-Dame, et aussitôt le jeune homme se met à parler, au grand étonnement de ceux qui avaient été les témoins de l'état pitoyable où il avait été réduit. Ce fut l'année 1464 qu'il vint à Gignac remercier sa bienfaitrice.

IV. L'an 1610, Jean de la Roque, bourgeois et habitant de Saint-Martin-de-Londres, était affligé, depuis treize années, d'une paralysie générale qui le tenait cloué sur un lit de douleur. Apprenant enfin les miracles qui s'opéraient sans cesse dans l'église de Notre-Dame de Grâce, il fit vœu de s'y faire porter; l'effet suivit de près sa pieuse résolution : il fut instantanément guéri d'une maladie que les médecins avaient déclarée incurable.

V. Le nommé Jean Cabanette, de Lodève, était privé de postérité, lorsque Catherine Pastourel, son épouse, fit vœu d'aller, pendant trois années consécutives, à Notre-Dame, le jour de la fête de l'Assomption. Ses désirs furent accomplis, et, après vingt-cinq ans de stérilité, elle mit au monde un fils qui devint religieux dans l'ordre de Saint-Benoît, l'an 1574.

VI. Le 25 mars 1615, un jeune homme du Pouget, âgé de dix-sept ans, se rendit à Notre-Dame, et, pour mieux entendre le P. Bazile, qui prêchait ce jour-là hors du sanctuaire[1], il se plaça sur un mur élevé. Au moment où tous les yeux étaient fixés sur le prédicateur, un mouvement extraordinaire se communiqua parmi les auditeurs : Au secours ! au secours! s'écrièrent les fidèles consternés, implorant celui de Notre-Dame de Grâce. C'était l'imprudent jeune homme, qui venait de se laisser tomber sur un tas de pierres ; on le releva aussitôt sans qu'il eût reçu la moindre blessure.

VII. Lors de la dernière démolition de Notre-Dame (1622), deux hérétiques des plus obstinés, travaillant à saper les fondements du lieu saint, furent ensevelis sous les ruines d'un mur qui croula sur eux, au moment où ils blasphémaient contre la Sainte Vierge.

VIII. La veuve du sieur Pertuis ne pouvant souffrir que son fils restât à la maison pendant, disait-elle, qu'on abattait la Babylone des papistes, l'invita à aller avec elle au lieu de cette scène sacrilége. A peine le jeune homme, à l'instigation de sa folle mère, a-t-il ouvert la bouche pour proférer de nou-

---

[1] Le concours du peuple fut si grand, que l'église se trouva trop petite pour le contenir.

veaux blasphèmes, que la punition suit de près l'attentat : une pierre se détache et écrase ce malheureux.

IX. Pierre Pouderoux [1], natif de Villeneuve-la-Crémade, âgé d'environ un an, se trouvant, par hasard, engagé sous les roues d'une charrette chargée de vendange, sa mère, témoin d'un spectacle si affligeant, voua aussitôt son fils à Notre-Dame de Grâce. Le petit corps, qu'on croyait entièrement écrasé, fut trouvé sans autre blessure qu'une raie rouge sur les cuisses.

A la nouvelle répandue d'un prodige si surprenant, les communautés de Gignac, d'Aspiran, de Nébian, de Pouzols, de Sérignan, de Puéchabon, du Pouget et de plusieurs autres villes et villages du Languedoc, reconnaissent et publient, à leur tour, avoir été préservées et délivrées de la peste par le secours favorable de Notre-Dame de Grâce. A ce témoignage vient s'ajouter encore celui des habitants des environs de Frontignan, dont une infinité de barques ont été garanties du naufrage par la puissante protection de la Mère de Dieu.

[1] Voir l'*ex-voto* N° 1, dans la chapelle des Miracles.

X. La dévote sœur Germaine, de Clermont-Lodève, se rendit à Notre-Dame de Grâce, l'année 1637, par les ordres exprès de Louis XIII et de la reine Anne d'Autriche, son épouse, afin de supplier la très-sainte Vierge de leur obtenir un dauphin. Chose admirable! cette sœur Germaine, dans un merveilleux ravissement, voit la Vierge l'assurant que la France sera bientôt consolée par la naissance d'un prince qui fera la joie des catholiques et la désolation des hérétiques. En effet, le 5 septembre 1638, la reine, après vingt-trois années de stérilité, mit au monde ce grand roi qui reçut le surnom de Dieudonné et qui fit l'admiration de son siècle.

Notre-Dame de Grâce, secours des naufragés

Le 25 août 1654, jour des régates de Saint-Louis, un bateau partait de Mèze pour aller à Cette. Il était parvenu au milieu de l'étang de Thau, lorsque le ciel se couvre d'épais nuages; les éclairs et le tonnerre, signes précurseurs de l'orage, glacent d'effroi les malheureux passagers. Bientôt un vent violent se déchaîne avec furie; le bateau, dominé par les ondes qu'agitent de part et d'autre, ne peut plus résister à l'effort de la tempête et disparaît au milieu des flots écumants. Dans cette scène désolante, une jeune fille de Paulhan, Mlle Massé, âgée de quinze ans, est assez heureuse pour saisir un quartier ou planche du bateau[1] et, montrant un courage au-dessus de son sexe, elle se confie à cette frêle embarcation. En présence d'une mort presque certaine, cette demoiselle fait un vœu à Notre-Dame de Grâce et invoque son secours ; ses prières sont exaucées, et, après un jour et une nuit passés dans de cruelles angoisses, sans autre gouvernail que son propre voile enflé par le vent, elle aborde saine et sauve sur le rivage voisin.

Cette pieuse demoiselle, plus tard sous le nom de Mme Merle, fut exacte à accomplir son vœu. Pendant plusieurs années on l'a vue venir en pèlerinage à Notre-Dame de Grâce ; arrivée au bas du Rivanel, elle ôtait sa chaussure, et en robe blanche, un cierge à la main, elle s'avançait modestement jusqu'au sanctuaire de sa bienfaitrice, édifiant ainsi les nombreux témoins d'une foi aussi vive.

Tous ces faits sont de la plus grande authenticité ;

---

[1] Voir un fragment de cette planche, n° 2. L'autre quartier est en la possession de la famille Massé, de Paulhan ; il a 2^m,75 de long sur 1^m,25 de large.

nous les tenons de la bouche même de M. Romieu [1], juge de paix à Gignac, petit-fils de Mme Merle, décédé, en 1831, à l'âge de soixante-dix-sept ans.

Notre-Dame de Grâce, salut des infirmes

En 1785, le nommé Flaman, au service de M d'Alzon, au château de l'Étang du Pouget, gisait dans son lit, atteint d'une maladie déclarée mortelle par les hommes de l'art. Le voyant réduit à cette fâcheuse position, une jeune fille âgée de quinze ans, Mlle d'Alzon [1], aussi charitable que vertueuse, entre dans la chambre du malade, et, touchée de pitié pour ce malheureux déjà aux prises avec la mort, elle se prosterne devant une image de la Sainte Vierge. Ses prières sont si ardentes et si efficaces, qu'elle obtient la guérison de cet ancien et fidèle domestique, au grand étonnement de ceux qui avaient été les témoins de son état désespéré.

Mlle d'Alzon se rendit ensuite à Gignac, accompagnée de sa famille, pour rendre ses actions de grâces à Notre-Dame et se libérer envers cette bonne

[1] Voir l'*ex-voto* n° 3.

et tendre mère, du vœu qu'elle avait fait en faveur de son protégé.

Ici se termine une partie des documents consignés dans les archives des PP. Recollets, et il ne paraît pas que, jusqu'à ce jour, d'autres faits miraculeux touchant la dévotion qui nous occupe aient été mis par écrit, ce qui est très-regrettable.

Cependant le bras du Seigneur n'était pas raccourci[1], et la puissance de Marie étant demeurée la même, les mêmes merveilles se sont journellement renouvelées dans l'église de Notre-Dame de Grâce. On en raconte un nombre considérable ; elles sont attestées par des témoins dignes de foi et par des personnes des plus honorables.

Guérison instantanée d'une religieuse[2]

Mlle de la Forêt, en religion sœur Hyacinthe, au couvent des Ursulines, à Sommières (Gard), fut atteinte, en 1825, d'une fièvre maligne à la der-

---

[1] Isaïe, 59, I.
[2] Voyez l'*ex-voto* n° 4.

nière période. Les médecins déclarèrent aussitôt que la maladie était incurable et qu'il ne restait aucun espoir de sauver la religieuse. Celle-ci n'eut alors qu'à se résigner à la volonté de Dieu et se préparer à une mort prochaine. Le lendemain elle reçut les derniers sacrements avec une ferveur angélique. Sur ces entrefaites, arrive de Gignac un de ses parents, M. G..., médecin, de qui nous tenons tous ces détails. Convaincu par lui-même de l'état désespéré de sa cousine, et voyant qu'elle n'avait pas longtemps à vivre, il l'engage à avoir recours à Notre-Dame de Grâce. On laisse la malade seule pendant quelques instants, livrée à ses propres réflexions ; bientôt après, la supérieure se présente suivie de M. G... A peine a-t-elle entr'ouvert la porte de la cellule de la religieuse, qu'elle recule comme saisie d'effroi. O surprise ! Qu'aperçoit-elle devant ses yeux ? Un lit vide, la sœur Hyacinthe habillée sans le secours d'une main étrangère et prosternée devant une image de la Sainte Vierge. On s'empresse autour de la malade: « Que faites-vous? imprudente ! lui dit-on, vous allez aggraver votre mal. — Non, ma chère sœur, mon cher cousin, répondit-elle, je suis guérie; je remercie Notre-Dame de Grâce de m'avoir rendu les forces et la santé. » Le jour suivant elle descendit à la chapelle et fit sa communion en reconnaissance d'un aussi grand bienfait.

Guérison de Mme D., de Béziers

En 1833, Mme D..., de Béziers, était atteinte d'une violente obstruction dans les entrailles, dont la durée faisait craindre qu'elle ne passât le reste de ses jours dans un état de langueur et de souffrance continuelles; en vain elle avait épuisé toutes les ressources de la médecine: ses forces abattues par un mal opiniâtre ne lui laissaient presque plus le moindre espoir de guérison. Ce fut alors que M. R., de Gignac, se trouvant à Béziers, inspira à cette dame, son amie, d'avoir recours à Notre-Dame de Grâce, ce qu'elle fit en effet. Peu de temps après, Mme D... se trouva entièrement guérie; son enflure, semblable à celle d'une femme enceinte à son dernier terme, disparut; la pâleur de son visage fut remplacée par un teint vif et coloré. En reconnaissance, la pieuse dame envoya son offrande et une belle couronne à Notre-Dame de Grâce.

Trait de protection en faveur d'une jeune fille [1]

Une jeune fille appartenant au sieur Jacques Rouquayrol, de Béziers, a été l'objet d'une faveur toute particulière. Au moment où elle allait être écrasée sous les roues d'une charrette, sa mère pousse un cri de détresse, invoquant le secours de Notre-Dame de Grâce; aussitôt les chevaux s'arrêtent et l'enfant est sauvée. Voici, à ce sujet, quelques vers qu'on lit sur l'*ex-voto* présenté, en 1860, à la chapelle des Miracles.

> Sans toi, divine Mère, qui vins à mon secours,
> Hélas! ma jeune fille fût perdue pour toujours;
> Sous les roues de ce char allait être victime,
> Quand un cri de détresse, vers toi, Mère sublime!
>
> Te disait: Tendre Mère, pitié pour notre enfant!
> A nos vœux sincères, chaste et divine Mère.
> Par une protection toute particulière,
> Tu arrêtas le cours de cet événement.

Avant de terminer la nomenclature des divers trophées exposés à la vénération des fidèles, jetons un coup d'œil sur les magnifiques vitraux qui décorent la chapelle des Miracles: c'est l'accomplissement d'un vœu fait en pleine mer, par M. Hyel,

[1] Voir l'*ex-voto* n° 5.

négociant à Gignac, pour son heureux retour au milieu de sa famille.

Quel est ce joli tableau [1] où la Vierge est représentée, de grandeur naturelle, tenant l'enfant Jésus entre ses bras? C'est encore un précieux *ex-voto* offert par le même négociant, en reconnaissance d'une entreprise délicate couronnée d'un plein succès.

Saluons enfin la Mère de Dieu dans cet autre charmant petit tableau [2] à forme ovale, présent de M. Junior Billière, négociant à Cette, pour un bienfait reçu.

Et maintenant, si dans un autre ordre de faits nous voulions raconter les grâces spirituelles que Marie, refuge des pécheurs, se plaît à répandre chaque jour sur les infirmités des âmes, combien de secrets à révéler!

Est-il une peine intérieure, une douleur profonde, un chagrin amer que cette mère généreuse n'ait adouci? Est-il une vertu chancelante, une foi peu vive qu'elle n'ait affermie? Quelle est l'infirmité, la maladie incurable, le mal invétéré dont elle n'ait obtenu la guérison, souvent instantanée,

[1] Voir au n° 6.
[2] Voir au n° 7.

grâce à la foi et aux prières ardentes de ses serviteurs ? Que de dangers imminents n'a-t-elle pas détournés sur terre et sur mer ? Quel est le pasteur, enfin, qui n'ait reçu de cette bonne Mère une infinité de grâces et de faveurs, non-seulement pour lui-même, mais encore pour le troupeau confié à ses soins ? A ce sujet, si nous ne craignions de blesser la modestie de notre respectable curé, nous nous permettrions d'invoquer ici son propre témoignage, en rapportant les expressions dont il s'est servi maintes fois du haut de la chaire évangélique :

« Tout le bien [1] que nous avons obtenu, les conversions nombreuses qui se sont opérées parmi le peuple, et dans la classe la plus élevée et la plus distinguée de cette ville, tout ce bien, nous nous plaisons à le publier, nous le devons, après Dieu, à la puissante entremise de la Reine du Ciel. »

Aussi avec quel zèle, avec quelle persévérance ce vénérable pasteur ne s'efforce-t-il pas de propager, par tous les moyens possibles, la pieuse dévotion envers Notre-Dame de Grâce !

[1] Le 9 janvier 1859, on vit plus de six cents hommes s'approcher de la Sainte Table et gagner le Jubilé et la Mission en même temps.

V

DES PROCESSIONS A NOTRE-DAME DE GRACE

L'origine des processions à Notre-Dame est très-ancienne. De tout temps on a vu des communautés entières s'y rendre aux époques déjà mentionnées, soit pour rendre à Marie le culte qui lui est dû, soit pour implorer son secours et sa protection dans les calamités publiques.

Quelques exemples suffiront pour faire connaître l'utilité et l'ancienneté de ces pieux pèlerinages.

Peu de temps après l'établissement des PP. Recollets à Notre-Dame (1613), cette église commença à reprendre un nouvel éclat. Rien de plus édifiant que d'y voir venir de loin, à pied, les personnes les plus qualifiées et les plus délicates. Les paroisses voisines s'y rendaient souvent en procession. Dans une circonstance, on y compta quatre-vingt-dix croix ; un autre jour, cent vingt. On y voyait quelquefois trois cents prêtres de divers lieux assister à l'office divin. Le connétable de Montmorency ne pouvant, à cause de sa vieillesse, se transporter à Notre-Dame de Grâce, pria les PP. Recollets de convoquer le peuple près de Pézenas, où il faisait sa résidence ordinaire. Lorsque du haut d'une tour il eut aperçu cette multitude de fidèles rangée sous tant de diverses enseignes, il s'écria, dit-on, avec admiration : « Avec toute mon autorité et toute ma puissance, je ne serais jamais parvenu à rassembler dans ma province un si grand nombre de troupes ! »

En l'année 1620, M. Clément de Bonzy, prieur d'Aniane, puis évêque de Béziers, ayant fait un vœu à Notre-Dame pour obtenir la grâce d'être préservé de la peste qui régnait avec empire à Montpellier, Pézenas, Clermont et autres lieux du voisinage, vint à la tête de la paroisse et en son nom se prosterner au pied de l'autel de la Sainte Vierge ; et, après avoir solennellement chanté la messe à la chapelle des Miracles, il offrit un cierge de vingt livres.

Vers la fin d'avril 1640, Gignac eut le bonheur d'être préservé de la peste, qui s'était déclarée à Montpellier[1]. Le chapitre de cette dernière ville,

---

[1] **Archives de la ville de Montpellier.**

pour se soustraire au fléau destructeur, alla s'installer à Aniane ; la cour des aides à Frontignan, et les trésoriers de France à Gignac. Ce fut à cette occasion qu'on fit une procession générale à Notre-Dame de Grâce, pour implorer la miséricorde divine.

Dans la nuit des 14 et 15 novembre 1766, une trombe effroyable, accompagnée d'éclairs et de tonnerres, éclata sur Gignac avec un déluge de pluie qui ne cessa de tomber pendant près de quarante heures. On rapporte que les eaux débordant de tout côté, et ne pouvant être contenues par les conduits et les fossés de la ville, dominaient le parapet du Rivanel ; et, chose incroyable, une douzaine de maisons de ce quartier croulèrent avec fracas, ainsi qu'une partie des murailles des jardins et de nos remparts. Dans cette désolation générale, le clergé, le viguier, les consuls et le peuple se réunirent deux fois, malgré la violence de la pluie, et allèrent en procession à Notre-Dame avec la même gravité et le même recueillement que si le ciel eût été serein ; ils en revinrent dans le même ordre. On fit une troisième procession pour remercier Dieu d'avoir fait succéder le calme à la tempête.

Il serait à désirer que les paroisses voisines, sans attendre que la main du Très-Haut s'appesantît sur nous, donnassent, au moins une fois chaque année [1], le même exemple d'édification dont nous avons été les heureux témoins le 16 août 1854. Il n'est pas besoin de rappeler ici quel fut le sujet de ce pieux pèlerinage à Notre-Dame de Grâce : on sait assez, et on ne l'onbliera jamais, qu'à cette époque le choléra exerçait ses ravages dans plusieurs localités de nos environs, et principalement à Aniane, dont les habitants étaient décimés de la manière la plus effroyable. Aussi, avec quelle ferveur, avec quel recueillement ne vit-on pas arriver au milieu de nous plusieurs confréries des paroisses voisines, leurs dignes curés en tête, s'empressant de fléchir la colère divine par l'entremise de la Mère de Grâce. Tant il est vrai que la crainte du danger inspire des sentiments vertueux et ranime la foi dans les cœurs même les plus endurcis.

[1] Le 16 août ou le 8 septembre.

ACTE DE CONSÉCRATION

A NOTRE-DAME DE GRACE

O Sainte Marie, ma bonne Souveraine! je m'abandonne à votre tout aimable protection, à votre garde spéciale et je me jette dans le sein de votre miséricorde. Aujourd'hui, à chaque jour de ma vie et à l'heure de ma mort, je vous consacre et mon âme et mon corps, tout ce qui m'appartient, ma famille et mes parents. Recevez-moi pour votre serviteur (ou servante) comme vous avez daigné me recevoir déjà pour votre fils (ou votre fille) au pied de la croix! O Vierge puissante qui avez écrasé le serpent infernal, écrasez mes passions, rompez les chaînes de mes vices, accordez-moi la pureté, l'humilité et le mépris du monde, afin que je puisse arriver au terme heureux de mon pèlerinage. Ainsi soit-il!

www.ingramcontent.com/pod-product-compliance
Lightning Source LLC
Chambersburg PA
CBHW060506050426
42451CB00009B/839